Chanson

DE M. DÉSAUGIERS,

Chantée par lui

AUX ARTISTES DU VAUDEVILLE,

(réunis chez Grignon)

À l'occasion de sa Fête,

Précédée de quelques Couplets, par des Chansonniers *amateurs*.

PARIS,
IMPRIMERIE DE C. J. TROUVÉ,
RUE NOTRE-DAME-DES-VICTOIRES, N°. 16.
1827.

Air de Calpigi.

Du vrai plaisir joyeux apôtres,
Me voilà donc aussi des vôtres;
Et déjà, grâce à cet honneur,
Je partage votre bonheur. (*bis.*)
Dès l'premier jour qui nous rassemble,
Il s'agit de fêter ensemble
Désaugiers, qu'nous chérissons tous;
Je viens fair' chorus avec vous. (*bis.*)

C'est vain'ment qu'je m'cass'rais la tête,
Je craindrais dans des couplets d'fête
De n'pas bien lui peindre aujourd'hui
L'amour que nous avons pour lui; (*bis.*)
Mais vous m'dit's en versant rasade,
Point de frais d'esprit, camarade;
C'est le cœur qui parle pour nous,
Je viens fair' chorus avec vous. (*bis.*)

Pour Antoin', qu'on aim' comme un père,
Je sais quelle est votre prière,

Dieu sans doute l'exaucera,
Et sa santé s'rétablira;
Qu'sa vie soit aussi longu' que celle
D'Anacréon qu'il nous rappelle,
Voilà votre vœu le plus doux;
Je viens fair' chorus avec vous. (*bis*.)

ARNAL,
à ses nouveaux camarades.

Couplets

Chantés par le petit Lepeintre

au Bon Désaugiers

Le jour de sa Fête.

AIR : *Ah ! quel plaisir de vendanger.*

Vous êt's le pèr' de la chanson,
 Et le fils d'Apollon ;
Partout vous savez exciter
 Le plus joyeux délire !.....
 Je n' fais que répéter
 Tout ce que j'entends dire.

A chaque instant votre bonté
 Égal' votre gaîté :

Quand votre muse veut chanter,
Faut rire, et toujours rire.....
   Je n' fais que répéter
Tout ce que j'entends dire.

Quand vos maux fur'nt presque finis,
   Quell' joi' pour vos amis !
Comme, pour vous féliciter,
   Chacun monta sa lyre !
  Je n' fais que répéter
Tout ce que j'entends dire.

Vous qu'on voyait toujours chantant,
   Quoique toujours souffrant,
Vous répondiez, sans hésiter,
Ce que le cœur inspire.
  Je n' fais que répéter
Tout ce que j'entends dire.

A chérir notre Directeur,
   Mettons notre bonheur :
L'plaisir qu'on goûte à le fêter,
Dans nos yeux peut se lire.....
  Je n' fais que répéter
Tout ce que j'entends dire.

Lepeintre jeune.

Air du Vaudeville de M. Guillaume.

Depuis long-temps, par ses bouffonneries,
　Momus étourdissait les dieux ;
Jupin, lassé de ses plaisanteries,
　Un beau jour le chassa des cieux. (*bis.*)
Vous le voyez, de la voûte céleste
　Comme Vulcain il fit le saut ;
Mais il ne fut (vous le savez de reste)
　Ni boiteux ni manchot. (*bis.*)

Puisque Jupin chasse de son empire
　Les jeux, les chansons et les ris, (*bis.*)
　Aux cieux on t'empêche de rire,
　Allons, Momus, viens à Paris.
Sa gaîté franche était son patrimoine ;
　Il parcourt la ville, et bientôt
Nous apprenons que, sous le nom d'Antoine,
　Il vit *incognito*. (*bis.*)

De gouverner une troupe folâtre,
　Bientôt le soin lui fut offert ;

Nouveau directeur d'un théâtre,
C'était des cieux retomber en enfer. (*bis.*)
Faisons, amis, que dans ce jour prospère,
Où nous lui présentons nos vœux,
Notre Momus, notre ami, notre père,
Se croie encor aux cieux. (*bis.*)

MINETTE.

Air du vaudeville de l'Anonyme.

LE dieu Falot, descendu sur la terre,
De Désaugiers emprunta chaque trait ;
Mais sa gaîté dévoila le mystère ;
Plus d'anonyme, on connut le secret.
Grâce aux couplets qu'il lança dans le monde,
Et que par cœur chantent anciens guerriers,
Dès qu'on le voit, on se dit à la ronde :
Voilà Momus, ou bien c'est Désaugiers.

Mais il advint qu'un beau jour la Folie
Voulut aussi qu'il embellît sa cour,
Et Désaugiers la trouva si jolie,
Que dans ses bras il passa chaque jour.
Tant gai sourire anime son visage,
Qu'on entend dire aux seigneurs, aux rentiers :
Qui donc ainsi nous barre le passage ?
C'est la Folie, ou bien c'est Désaugiers.

Il s'ensuivit que le vainqueur de l'Inde,
Le thyrse en main, vint le séduire aussi.

Sois mon ami, lui dit-il; foin du Pinde!
Car près de toi je vivrai sans souci.
Il accepta cette offre sans pareille,
Et de Bordeaux sablant des muids entiers,
Chacun se dit à sa mine vermeille :
Voilà Bacchus, ou bien c'est Désaugiers.

Bref, la Bonté desira le connaître,
Et près de lui se fixa pour toujours :
Je crois plutôt qu'il en a reçu l'être,
Ou qu'il en eut les premières amours.
Il a bon cœur, bonne âme et bonne tête,
Jamais d'humeur, jamais de mots altiers,
Et qui lui parle à l'instant se répète :
C'est la Bonté, puisque c'est Désaugiers.

Pour bien fêter notre joyeux Antoine,
Desirons-lui la plus verte santé ;
Que le bonheur reste son patrimoine,
Qu'il chante encor autant qu'il a chanté ;
Enfin qu'il puisse, en enfourchant Pégase,
Marotte en main, guider nos chansonniers ;
Qu'en le voyant, chacun dise en extase :
Vive Heurteloup qui nous rend Désaugiers !

Emile.

Madame Cadet Buteux

à Antoine Désaugiers.

AIR : *C'était-y glorieux pour **Titi*** (de M. Plantade).

Femm' de Cadet Buteux, j'm'avance
 Pour un luron
 Qui m'mit en r'nom
 Dans maint flonflon ;
J'veux chanter sa convalescence,
Et le plaisir qu' j'avons tretous
 De l'voir près d' nous.
Mais las ! ma muse indocile
Fait que je m'arrête tout net ;
Je n'ai pas là le poëte habile
Qui donnait d'l'esprit à Cadet. (*bis.*)

Jadis pour les couplets de fête,
    Poëte en jupon,
    Dans ma maison
    J'avais l'pompon.
Mais d'vant Désaugiers je m'arrête,
Car c'est le roi de la chanson,
    Y m'dam' le pion :
Aussi, sans m'casser la tête,
J'vas lui dire c'que j'ai griffonné ;
Tout c'qui part du cœur n'est pas bête,
Et ça passe après déjeûné. (*bis.*)

C't'Antoin' qu'on chérit à la ronde
    Doit être cité
    Pour sa gaîté,
    Sa probité,
Au théâtre ainsi que dans l'monde,
Sur Désaugiers, dans tout Paris,
    N'y a qu'un seul cri.
Noble et droit dans sa carrière,
Joyeux convive, ami parfait,
Pourquoi nous parle-t-il de pierre,
Quand personn' ne la lui jetait ? (*bis.*)

            Par mad. Cadet Buteux.
      Pour copie conforme, (Minette.)

AIR : *Même à la rigueur, ô divin Rossini!*

Pour le fêter comme feu saint Antoine,
Qu'offrirons-nous à ce bon Désaugiers?
Est-ce un jambon couronné de lauriers,
Bien portant et gras comme un moine?
  Mieux vaut un couplet
  Ou maigre ou replet;
Car, s'il applaudit, j'aurai l'âme contente.
  Or, pour le chanter,
  Pour mieux le tenter,
  Parlons-lui bonté,
   Beauté,
   Gaîté,
   Santé ;
  Parlons-lui chansons,
   Bouchons,
   Tendrons,
   Flacons :
Si de ces mots-là pas un seul ne le tente,
  Chacun se dira:
  Rien ne le tentera.

Gardons-nous bien de vanter Héraclite,
Car notre Antoine jamais ne pleura;
Sur nos défauts toujours s'il se leurra,
C'est qu'il chérissait Démocrite.
  Ne lui parlons pas
  De tous ces pieds plats
Qu'un léger succès matin et soir tourmente.
  Mais pour le chanter,
  Pour mieux le tenter,
  Parlons-lui bonté,
   Beauté,
   Gaîté,
   Santé;
  Parlons-lui chansons,
   Bouchons,
   Tendrons,
   Flacons :
Si de ces mots-là pas un seul ne le tente,
  Chacun se dira :
  Rien ne le tentera.

Qu'à cette fête arrive la Folie,
Et que Momus agite ses grelots;
Rire et chanter sont les deux meilleurs lots
Pour qui sait bien passer la vie.
  Qu'ici l'amitié

Plus que de moitié,
Entre chaque couple à l'instant se présente;
Homme il faut chanter,
Femme il faut tenter,
Parlons-lui bonté,
Beauté,
Gaîté,
Santé;
Parlons-lui chansons.
Bouchons,
Tendrons,
Flacons :
Si de ces mots-là pas un seul ne le tente,
Chacun se dira:
Rien ne le tentera.

Pour le tenter, parlons-lui de sa femme,
A ses côtés amenons ses enfans;
Nous sommes sûrs de sortir triomphans,
Car nous aurons touché son âme.
Alors dans ses yeux,
Sur son front joyeux,
Nous lirons combien un tel tableau l'enchante;
Puis pour le chanter,
Puis pour le fêter,
Parlons-lui bonté,

Beauté,
Gaîté,
Santé ;
Parlons-lui chansons.
Bouchons,
Tendrons,
Flacons :
Chacun de ces mots au même instant le tente ;
Puis il s'écrira :
Je suis, *et cætera.*

EMILE.

Air : *Folie, etc.*

Antoine, (*ter.*)
Dans dix ans chantons tous ici
Antoine, (*ter.*)
Comme aujourd'hui. (*bis.*)

Souhaitons que cette journée
Se renouvelle chaque année;
Que chacun de nous transporté,
Afin qu'Antoine soit fêté,
Chante, en buvant à sa santé,
Antoine, (*ter.*)
Dans quinze ans, etc.

Que n'ai-je, amis, pour patrimoine
La verve du joyeux Antoine!
C'est alors que je pourrais bien
Chanter, par cet heureux moyen,
Le plus aimable Épicurien.
Antoine, (*ter.*)
Dans vingt ans, etc.

2.

Comme c'est le cœur qui m'inspire,
Ici, de moi, n'allez pas dire,
En aussi belle occasion,
En fait d'écrits, c'est un ânon,
Au diable, au diable sa chanson!

  Antoine, (*ter.*)
Dans trente ans chantons tous ici
  Antoine, (*ter.*)
 Comme aujourd'hui. (*bis.*)
RODOLPHE.

Air du vaudeville de Voltaire chez Ninon.

J'allais chanter la médecine,
J'allais célébrer ses exploits,
Attérer la gente assassine
Qui veut lui donner sur les doigts ;
J'allais chanter la renaissance
De celui qu'on nous voit fêter :
Mais, chut, je garde le silence,
Désaugiers peut encor chanter.

J'allais de sa joyeuse épouse
Vous vanter l'esprit et le cœur,
Et ma Muse, quoique jalouse,
Allait célébrer son bonheur.
De sa jeune et bonne famille,
Dont l'amitié vient me tenter,
J'allais... Taisons-nous, pauvre drille,
Désaugiers peut encor chanter.

J'allais invoquer la Folie,
Afin d'égayer ce festin,

De sa marotte si jolie
J'espérais tirer un tin tin ;
J'allais au pan pan du champagne,
Par un refrain vous enchanter ;
Je me tais, et la peur me gagne :
Désaugiers peut encor chanter.

J'allais chanter les amourettes
Qui font le bonheur des hameaux,
Et ces confidences discrètes
Faites à l'ombre des ormeaux ;
J'allais célébrer de la treille
Ce jus qui sait nous transporter ;
J'allais... Allons, Muse, sommeille,
Désaugiers peut encor chanter.

J'allais, pour bien fêter Antoine,
Risquer trois ou quatre flons flons,
Non de ceux qu'entonnait un moine,
Mais de ceux des vieux porcherons.
J'étais sûr de votre délire,
Si vous eussiez pu m'écouter ;
Mais je brise pipeaux et lyre,
Désaugiers peut encor chanter.

ÉMILE.

A mes Amis

réunis chez Grignon

pour célébrer ma Fête.

Air : *Folie*.

A table ! à table !
Aujourd'hui voilà mon refrain :
Au diable, au diable,
Pierre et chagrin !

Ma lyre, long-temps suspendue,
De chaque corde détendue,
Peut à peine tirer un son

Pour faire ronfler ma chanson,
   Chantez à l'unisson :
      A table, etc.

Long-temps une horde imbécille
Jeta la pierre au Vaudeville;
Pour parer cette attaque-là
J'accourus, et quand je fus là,
   La pierre m'arriva.
      A table, etc.

En attendant, vaille que vaille,
Nous avons gagné la bataille;
Et l'on a bientôt oublié
Que le chef est estropié,
   Quand sa troupe est sur pied.
      A table, etc.

Comme autrefois, le pauvre Antoine
N'a plus un ventre de chanoine;
Mais son cœur, malgré maint souci,
N'a pas varié, dieu merci,
   Et je l'éprouve ici.
      A table, etc.

Eh! le moyen que dans le monde
Je présente une face ronde,

Quand, délaissant Comus, Bacchus,
Pour alimens je ne prends plus
　　Que des bouillons pointus !
　　　A table, etc.

Vive une table bien servie,
Pour rendre au bonheur, à la vie,
Un pauvre diable déconfit,
Qui pendant douze mois ne vit
　　Que le ciel de son lit !
　　　A table, etc.

Pour le carbonate de soude,
Lorsque j'ai tant levé le coude,
Je crois que je mérite bien
Un breuvage où le pharmacien
　　Ne soit entré pour rien.
　　　A table, etc.

Si du cœur la joyeuse ivresse
Chassait maladie et faiblesse,
Amis, dans un banquet si doux,
Je serais au milieu de vous
　　Le mieux portant de tous.
　　　A table, etc.

Grâce à votre amitié touchante,
A ce doux tableau qui m'enchante,
Ranimé, joyeux, attendri,
J'ai chanté, j'ai pleuré, j'ai ri ;
  Amis, je suis guéri.

  A table ! à table !
Aujourd'hui voilà mon refrain :
  Au diable, au diable,
  Pierre et chagrin !

DÉSAUGIERS.

www.ingramcontent.com/pod-product-compliance
Lightning Source LLC
Chambersburg PA
CBHW060623050426
42451CB00012B/2391